Devices: Indesse-3, Lam.: matt , OType: Barsortiment

Nathalie Kónya-Jobs

Rüdiger Brand: 'das ein groß Gelächter ward.' - Wenn Repräsentation scheitert

Mit einem Exkurs zum Stellenwert literarischer Repräsentation

GRIN Verlag

bliografische Information der Deutschen Nationalbibliothek:

e Deutsche Bibliothek verzeichnet diese Publikation in der Deutschen National-
bliografie; detaillierte bibliografische Daten sind im Internet über http://dnb.d-
).de/ abrufbar.

ıpressum:

pyright © 2004 GRIN Verlag GmbH
uck und Bindung: Books on Demand GmbH, Norderstedt Germany
3N: 978-3-638-92574-7

eses Buch bei GRIN:

tp://www.grin.com/de/e-book/62600/ruediger-brand-das-ein-gross-gelaechter-
ard-wenn-repraesentation

GRIN - Your knowledge has value

Der GRIN Verlag publiziert seit 1998 wissenschaftliche Arbeiten von Studenten, Hochschullehrern und anderen Akademikern als eBook und gedrucktes Buch. D Verlagswebsite www.grin.com ist die ideale Plattform zur Veröffentlichung vo Hausarbeiten, Abschlussarbeiten, wissenschaftlichen Aufsätzen, Dissertationen und Fachbüchern.

Besuchen Sie uns im Internet:

http://www.grin.com/

http://www.facebook.com/grincom

http://www.twitter.com/grin_com

1

Nathalie Kónya

Rüdiger Brand:

das ein groß gelächter ward.

**Wenn Repräsentation scheitert. Mit einem Exkurs zum Stellen-
wert literarischer Repräsentation.**

**In: Höfische Repräsentation. Das Zeremoniell und die Zeichen,
hg. v. Hedda Ragotzky und Horst Wenzel,
Tübingen 1990, S. 303-331**

2

ragestellung

Der Autor fragt in dem oben genannten Text nach den Bedingungen, unter denen Repräsentation im Mittelalter scheitert. Dabei interessiert ihn auch, ob das in den Quellen beschriebene „groß gelächer" als psychischer Effekt des Scheiterns selbst Bestandteil einer noch unbekannten Topik der Darstellung missglückter Repräsentation ist.

Wenn es gelingen sollte eine solche Topik zu rekonstruieren, müsste man weiter fragen, ob sie von mehr als nur den literarischen Traditionen abhängt. Könnte es sein, dass die Einzeldarstellungen tatsächlich als Folge der realen Bedingungen zu verstehen sind, denen Repräsentation in der Praxis unterlag?

Brandt hofft, durch eine Repräsentationsforschung, die nach dem Scheitern repräsentativer Akte, nach deren Gründen und Wirkungen fragt, neue Erkenntnisse über die Bedingungen, denen Repräsentation in dem Bewusstsein der Zeitgenossen unterworfen war, zu gewinnen.

uellen

Der Autor konsultierte mittelalterliche Schrifttexte. Es handelte sich dabei um literarische Texte wie Epen, Fastnachtspiele, Lieder, Minnesang, Parodien und Ähnliches. Des Weiteren bildeten Chroniktexte, Herrscherviten, Fürstenspiegel, und Herrscherpanegyriken die Quellen des Aufsatzes.

Vorgehensweise/Gliederung/Argumentation

- Brand nennt zunächst eine grobe Definition gescheiterter Repräsentation.
- Der Autor stellt im Anschluss Kategorisierungsmöglichkeiten gescheiterter Re
  räsentation in sechs Punkten vor.
- Er fasst die mögliche Bedeutung seiner Befunde für die Repräsentationsforschu
  zusammen.
- Schließlich ergänzt Rüdiger Brand seinen Aufsatz mit einen Exkurs zu dem Th
  ma: Literatur und Repräsentation.

Gescheiterte Repräsentation

Unter einer gescheiterten Repräsentation versteht Rüdiger Brand einen repräs
tativen Akt, der nicht erfolgreich zu Ende geführt wurde. Dem Scheitern könr
hierbei vielfältige Ursachen zu Grunde liegen.

Die Quellen geben über Vorfälle Auskunft, bei denen die potenziellen Vollz
her die Ausführung abgelehnt haben oder an ihr gehindert worden sind. Wenn
repräsentativer Akt vom Publikum als obsolet, disfunktional, übertrieben, eins
tig oder unangemessen empfunden wurde, erreichte er nicht die gewünschte W
kung.

Repräsentative Akte können von einem Konkurrenten oder Gegner umgedeι
oder umfunktionalisiert worden sein, sodass sie für den Vollzieher nicht mehr
präsentativ wirken oder sein Ansehen sogar schmälern.

Der Autor zählt Möglichkeiten zur Ausführung eines repräsentativen Aktes, ‹
vom potenziellen Repräsentanten nicht als solche genutzt wurden, zu den Forn
der gescheiterten Repräsentation.

Letzteres könne aus Scheu oder bewusstem Verzicht erfolgt sein. Brand betont aber auch, dass der Verzicht unter gewissen Umständen und abhängig von der sozialen Stellung des Verzichtenden auch positiv als Kennzeichen einer vorbildlichen *humilitas* gedeutet werden konnte. Repräsentationsmittel und Repräsentationsformen konnten nicht verfügbar sein. In solchen Fällen versuchten repräsentationswillige Personen diesen Mangel mehr oder weniger erfolgreich zu kompensieren. Brand weiß auch von Fällen, in denen das Publikum oder Mitagierende auf Art, Ausmaß und Beschaffenheit der Repräsentation Einfluss nahmen oder die Repräsentation dem Ausführenden aufgezwungen wurde.

eispiele

Brand beschreibt das Lichtmessfest des Jahres 1415 als einen Fall von gescheiterter kirchlicher Repräsentation. Dargestellt ist dieser Vorfall in der Chronik des Konstanzer Konzils von Ulrich Richental. **Statt Bestätigung und Anerkennung der Funktion klerikaler Heilsvermittlung ruft der repräsentative Akt Gelächter hervor.** Der Papst weihte Kerzen und begab sich mit den Kardinälen, dem Römischen König und dem Hochmeister des Johanniterordens auf einen Balkon. Er segnete die Menge und warf die Kerzen unters Volk. Es kam zu einem Tumult, da jeder der anwesenden Gläubigen eine Kerze haben wollte. Der Chronist kommentiert die Begebenheit mit den Worten:

„Und war von dem volk ein groß krepfen und überfielen ain andern, das ain groß gelächter ward."

Das beschriebene Ritual war als Akt der kirchlichen Repräsentation geplant. Der Anlass, die ritualisierten Handlungen und die Auswahl der beteiligten geistlichen Würdenträger konnten nicht verhindern, dass die Repräsentationsabsicht nicht nur nicht erfüllt, sondern sogar konterkariert wurde, indem das Publikum dem Reiz der Situationskomik nachgab und in Gelächter ausbrach.

Heiterkeit und Gelächter - das Ergebnis des gescheiterten Kerzenrituals be
Lichtmessfest des Jahres 1415 - bezeichnet Rüdiger Brand als den extremsten F
konterkarierter Repräsentation, wobei sie als Ergebnis von Situationskomik ni
so bissig erscheint, als wenn sie aufgrund von Schadenfreude zustande kom
Erwähnt werden auch Beispiele von unvorteilhaften Herrscherportraits auf Mi
zen und anderen Abbildungen, die als Auslöser für Heiterkeit der Zeitgenoss
sorgten. Der Autor weist darauf hin, dass die Beschreibung einer mangelnd
Repräsentationsfähigkeit bei gleichzeitiger repräsentativer Absicht in satirisch
Darstellungen Komik erzeugen konnte.

Kategorisierung gescheiterter repräsentativer Akte nach:

Absicht, Perspektive, Darstellungsart

Häufig kann man die Darstellung gescheiterter Repräsentation als politisc
moralische oder religiöse Diskreditierung des Gescheiterten werten. Doch ni
jeder Darstellung einer gescheiterten Repräsentation liegt eine Diskreditierun
absicht zu Grunde. Die realistische Darstellung ist vorherrschend, denn Scheit
ist am besten darstellbar, wenn konkrete Vorgänge beschrieben werden.

Die symbolische Darstellung ist weit seltener zu finden und liegt dann v
wenn zu erwartende repräsentative Akte ausgespart oder verschwiegen werden.
bestimmten Fällen liegt eine Deutung nahe, ist aber problematisch und wird d
halb umgangen. Brand weist darauf hin, dass geistliche Autoren prinzipiell dav
ausgehen mussten, dass ein Gottesgericht gerecht ausgeht. Es wurden jedoch E
zelfälle beschrieben, die sich dieser Deutung widersetzten. Die Autoren sprach
den betreffenden Auseinandersetzungen dann den sich aus der Sache selbst er
benden gottesgerichtlichen Charakter einfach ab. Die Berufung auf ein Gottes
richt - das heißt auf den geheimen Ratschluss Gottes - bot den Autoren auch
Möglichkeit unbequemen und gefährlichen Aussagen ausweichen zu können.

Die literarische Überlieferung deutet darauf hin, dass eine ganze Reihe weltlicher und geistlicher Zeremonien bereits im Mittelalter parodierbar waren. Gescheiterte Repräsentation wurde häufig parodistisch dargestellt. Ob eine Parodie tatsächlich kritisch intendiert ist, kann nur dann relativ sicher angenommen werden, wenn neben der parodistischen oder ironischen Form auch weitere Indikatoren dafür auszumachen sind, dass der Autor der beschriebenen Person oder dem beschriebenen Gegenstand kritisch gegenübersteht.

Es ist wichtig zu betonen, dass die Kritik sich in solchen Fällen in der Regel nicht gegen das Ritual im Allgemeinen, sondern gegen dessen konkrete Entartungen oder die inadäquate Handhabung richtet.

Öffentlichkeitsgehalt

Repräsentation ist stets von der Öffentlichkeit abhängig. Dabei kann diese Größe sich von Fall zu Fall unterschiedlich auswirken. In den Schilderungen einer gescheiterten Repräsentation wird häufig auf das Problem der Öffentlichkeit hingewiesen. Die Unzulänglichkeit des Repräsentanten kann vor einem repräsentativen Publikum offenbar werden, oder ein Sachverhalt zeigt sich in einem anderen Licht, nachdem Öffentlichkeit hergestellt wurde. Dass Öffentlichkeit als problematisch angesehen wurde, kann man Fürstenspiegeln entnehmen, die den Herrschern raten eine allzu große Nähe zu ihrem Publikum zu vermeiden.

Legitimität

Für die Anfälligkeit der Repräsentation in der Praxis und auch im Bewusstsein der Zeitgenossen spricht, dass gleichermaßen über Fälle illegitimer wie auch legitimer, aber dennoch scheiternder Repräsentationsversuche berichtet wird. Wenn ein illegitimer Wunsch nach Repräsentation zum Scheitern führt, macht das die Defizienz des Scheiternden deutlich. Der Rechtsanspruch ist in solchen Fällen unbegründet und Kennzeichen religiöser und weltlicher *superbia*.

Aber auch das Festhalten an einer dem Status des Protagonisten angemessenen Norm oder deren Übertreibung können desaströs enden.

Objekte der Repräsentation

Brand unterscheidet Repräsentationsversuche zusätzlich danach, ob sie der eigenen Person oder Institution gelten, oder ob ein Repräsentationsversuch jemand oder etwas anderem gilt. Versuche der **Fremdrepräsentation** und auch die der **Selbstrepräsentation** können gleichermaßen scheitern. Das Miteinbeziehen dieser Kategorien kann ebenfalls Aufschluss über die Beschaffenheit repräsentativer Mechanismen und ihrer Gefährdungen liefern. Brand räumt an dieser Stelle ein, dass häufig Verbindungen von Selbst- und Fremdrepräsentation in den Quellen beschrieben werden. Bei der gescheiterten Selbstrepräsentation ist es häufig so, dass die übergeordnete Institution keinen oder nur geringen Schaden davonträgt. Die übergeordnete Instanz wird beispielsweise geschützt, indem der Versagende bei dem Versuch der gescheiterten Repräsentation eliminiert wird oder sich selbst eliminiert, sodass die Institution, die er dabei vertrat, keinen Schaden nimmt. Bei der Beschreibung gescheiterter Fremdrepräsentation steht die Kritik am Repräsentierenden, nicht am Repräsentierten im Fordergrund. In jedem Fall hängt das Glücken von Repräsentation von dem richtigen Zusammenspiel mehrerer Faktoren ab. Der Ehrverlust kann in bestimmten Fällen abgewendet werden, wenn das inadäquate Verhalten vermieden oder eine Rehabilitation erreicht werden kann. Repräsentanten, die bei dem Versuch scheitern, repräsentative Funktionen für andere auszuüben, werden eigens gescholten, wobei die Kritik am Repräsentierten eher im Hintergrund steht.

Konkrete Ursachen des Scheiterns

Brand hebt die Bereiche heraus, in denen das Scheitern mehr an dem Repräsentanten als an eventuellen Mitspielern vorgeführt wird. Dies sind die Bereiche Liebe, *milte*, Kampf.

Der Autor ist der Ansicht, dass solche Berichte als Vorformen des Individualisierens und der Trennungen zwischen Institutionen und Personen gelten können. Der Scheiternde kann moralisch oder rechtlich in einer anfechtbaren Position sein. Das falsche Handeln in einem Einzelfall kann zu einem Scheitern führen. Es können sich momentane Defizienzen oder einzelne körperliche Mängel bemerkbar machen, die nicht grundsätzlich etwas mit dem Charakter oder der rechtlichen Position des Scheiternden zu tun haben, aber die Repräsentation vereiteln. Das Zusammenspiel zwischen den Co-Akteuren kann misslingen. Unglückliche Zufälle können zum Scheitern einer repräsentativ intendierten Handlung führen. Hinzu kommen narrative Überlegungen, Konventionen und Zwänge. Wenn das Interesse in einem Bericht dem Gegenspieler gilt, ist der Scheiternde als Kontrastfigur zu lesen. Ein Mitspieler muss gelegentlich aus Gründen der Darstellungstechnik scheitern.

Das Scheitern konnte auch an der Verweigerung des Publikums oder der Mitspieler liegen sich in einer bestimmten Weise zu verhalten, zu reagieren oder Repräsentationsmittel zur Verfügung zu stellen. Solche Fälle machen deutlich, dass das Glücken eines repräsentativen Aktes häufig davon abhing, ob ein Konsens zwischen den Akteuren zustande gekommen war.

Eine beliebte Maßnahme, um einen Herrscher zu diskreditieren, war es, nicht bei dessen Hoftagen zu erscheinen. Wenig besuchte Hoftage wurden dementsprechend in Chroniken häufig verschwiegen. Repräsentative Dienste wurden manchmal verweigert, weil man verhindern wollte, dass sie als Zeichen der Abhängigkeit ausgelegt wurden.

Auch einzelne Gegebenheiten, wie das technische Versagen von Instrumenten, ungünstige Witterung, Unfälle, Naturkatastrophen, ungünstige Räumlichkeiten, Krankheit und Ähnliches konnten Repräsentation vereiteln. Der repräsentativ intendierte Akt konnte durch Fehler wie falsche Gebärden, unpassende oder verräterische Gesten und Versprecher hintertrieben werden. Weitere, subtilere Probleme und Eigenheiten der Kommunikation konnten ebenfalls negativ auf beabsichtigte, aber missglückte Repräsentation einwirken.

Als Beispiele hierfür sind Polysemie, Wörtlichnehmen, das Aufeinanderprallen von verschiedenen Verständnissystemen, kulturelle Unterschiede im weitesten Sinne und das Zusammentreffen alter und neuer Standards zu nennen.

Brand weist darauf hin, dass der Verlust von Repräsentationsmitteln zwar immer wieder mit dem Verlust der realen Herrschaft in Verbindung gebracht wurde, dass aber die Bedeutung dieser Mittel dennoch ambivalent gewesen sein muss. Brand arbeitet zwei Konzeptionen von Repräsentation heraus. Die eine Konzeption sieht die Repräsentation als verzichtbar an, da der ritualisierte Konsens ohnehin vorhanden ist. Der Konsens wiederum basiert auf sozialen Strukturen, die gelegentlich gefeiert werden. Ist dies der Fall - und nur dann - erscheinen repräsentative Akte als passend. Anderenfalls sind sie bei gesicherten Sozialstrukturen und funktionierender Kommunikation überflüssig oder besitzen lediglich äußeren Charakter. Bei diesem Verfahren handelt es sich folglich um ein flexibles, der jeweiligen Situation anzupassendes Repräsentationskonzept. Das zweite Konzept, das Brand an einem Zitat aus dem *Willehalm* verdeutlicht, sieht das Hofleben als dem Alltag enthoben an und macht dies durch einen Verhaltenskodex deutlich, der sich selbst repräsentiert.

Verhältnis des Repräsentativen Aktes und des geplanten Resultates

In der Literatur findet sich eine ganze Reihe von Ergebnismöglichkeiten im Bezug auf die Anwendung repräsentativer Akte. Rüdiger Brand fasst die drei möglichen Folgen gescheiterter Repräsentation zusammen:

- Das Repräsentationsvorhaben misslingt und der Zweck wird **nicht** realisiert. Dieser Zusammenhang wird am häufigsten in den Quellen dargestellt.
- Das Repräsentationsvorhaben gelingt, aber das gewünschte Resultat bleibt aus. Dies kann auch als eine Form der gescheiterten Repräsentation aufgefasst werden. Die Trennung von Mittel und Ereignis war in der Praxis eine Möglichkeit. Man war sich demnach des formalistischen Charakters repräsentativer Akte bewusst.
- Trotz oder wegen des Misslingens stellt sich für den Gescheiterten ein Erfolg ein.

Resümee

Die Schriftquellen belegen, dass die Repräsentation als Mittel und Institution ständig in Gefahr war. Die weitgehend einseitigen Kontakte, die durch repräsentative Akte entstanden, schränkten die Kommunikationsmöglichkeiten stark ein. Häufig entglitt den Repräsentationswilligen, die in der Vorstellungswelt des Rituals gefangen waren, das Publikum. Rückmeldungen kamen, wenn überhaupt, zu spät, sodass sie von den Repräsentationswilligen nicht fruchtbar gemacht werden konnten. Wie bereits an anderer Stelle erwähnt, setzte Repräsentation immer einen Konsens voraus. Die Schwierigkeit lag darin, dass sie sich häufig passiv auf einen solchen Konsens verlassen musste, ohne im Verlauf des repräsentativ intendierten Aktes noch Einflussmöglichkeiten auf die Herstellung oder Wiederherstellung des nötigen Konsenses zu haben. Deshalb wurden immer wieder Versuche unternommen die äußeren Wirkungsbedingungen von Repräsentation künstlich zu sichern, indem man beispielsweise die Wirkung eines Denkmals dadurch sicherzustellen versuchte, dass man seine Spötter in den Kerker warf. Die Zeitgenossen begegneten der Gefährdung von repräsentativen Handlungen auch dadurch, dass sie Personen auf Repräsentation festlegten, oder die Art der zu erwartenden Repräsentation beeinflussten; beides mit wechselndem Erfolg.

Ideal und Wirklichkeit fielen bei der Repräsentation manchmal zum Zwecke der Täuschung auseinander. Doch laut Brandt bleibt selbst falsche Repräsentation der Sache nach eine solche. Der Autor beurteilt die repräsentative Öffentlichkeit als Organ der Partizipation, die das Entstehen der neuzeitlichen Öffentlichkeit begünstigt habe. Das Interesse daran, Schein von Sein zu unterscheiden, führte dazu, dass Heimlichkeit als negative und Öffentlichkeit als positive Kategorie eingestuft wurden. Was die rechtliche Relevanz gescheiterter Repräsentation betrifft, so Brandt, lässt sich diese nicht automatisch mit realem Machtverlust gleichsetzen, denn häufig wurde der Rechtsanspruch nach dem Scheitern der repräsentativen Handlung mit anderen Mitteln durchgesetzt.

Exkurs: Literatur und Repräsentation

Brand legt dar, dass ihm keine gescheiterten Fälle literarischer Repräsentation bekannt seien. In dem Fall, dass ein Autor sein Werk nicht beenden kann, weil er seinen Mäzen verloren hat, ist nicht der Auftraggeber gescheitert, sondern der Autor. Dieser wird sich auf die Suche nach einem neuen Gönner machen und mit dessen Hilfe versuchen sein Werk fertigzustellen.

Die Verfasser von literarischen Werken besaßen Einfluss. Sie konnten historische, als historisch ausgegebene oder rein fiktive Ereignisse als erfolgreiche oder gescheiterte Repräsentation auslegen. Die Literatur selbst, so Brand, bleibt hiervon ausgespart. Im Falle von literarischen Fehden und der Kritik an Kollegen handelte es sich nicht um gescheiterte Repräsentation, sondern um das Versagen von Personen, die in irgendeiner Form mit Literatur befasst waren. Selbst wenn Autoren die Leser wissen lassen, dass Mäzene manchmal schlechte Künstler fördern, geht es nicht um gescheiterte Repräsentation, denn die Förderer werden selten namentlich genannt und eine solche Kritik sollte mit einer gewissen Skepsis betrachtet werden.

Brand zieht aus diesen Beobachtungen den Schluss, dass literarische Repräsentation im Mittelalter relativ geschützt gewesen sein muss. Dies führt er auf eine gewisse Unverbindlichkeit und die begrenzte Bedeutung von Literatur in dieser Gesellschaft zurück. Der Autor gibt eine Reihe von Gründen für diese Einschätzung an. Literatur als Medium erreichte selbst im Spätmittelalter nur einen Bruchteil der Bevölkerung und war somit in ihrer Öffentlichkeitswirkung stark eingeschränkt. Literatur spielte auch im Vergleich zu anderen Kunstformen im Kulturbetrieb des Mittelalters eine verhältnismäßig geringe Rolle. Da Literatur in überschaubaren Zirkel und für diese Zirkel verfasst wurde, bestand ein weitgehender Konsens über ihre Inhalte. Kontroversen entstanden also höchstens da, wo literarische Zirkel miteinander konkurrierten.

Dabei könne man selbst im Falle von konkurrierenden Zirkeln feststellen, dass sie sich im literarischen und überhaupt im kulturellen Bereich überschneiden und Konformität erkennen lassen. Literatur, so Brand weiter, verschließe sich dem Sinnfälligen und wo sie sinnfällig wird, gehe sie in andere Medien über und lasse sich nicht mehr als eigenständiges Element innerhalb der Publikumsreaktion isolieren. Man müsse sich fragen, unter welchen Bedingungen eine repräsentative Wirkung von Literatur realisiert werden konnte, um welche Art von Repräsentation es sich im Einzelfall gehandelt habe. Der Repräsentationsforscher muss sich über die Resonanzmöglichkeiten der mittelalterlichen literarischen Repräsentation im Klaren sein und darüber, wie diese auf das Bewusstsein der Auftraggeber und damit auf die Aufträge selbst eingewirkt haben. Das Schweigen über die literarische Produktion und das Mäzenatentum im Mittelalter deutet Brand als Hinweis auf den begrenzten Stellenwert der literarischen Repräsentationsmöglichkeiten. Abschließend macht Brand die Notwendigkeit einer speziellen, auf den Forschungsgegenstand literarischer Repräsentation zugeschnittenen Methodik für zukünftige Arbeiten zu dieser Thematik deutlich.